Estimul arte

ejercicios de estimulación cognitiva a través del arte

NPQ
Editores

Estimularte

© Del texto: Franca Biancamano y Marina Moltedo
© De la corrección: Franca Biancamano y Marina Moltedo
© De esta edición: NPQ Editores
www.npqeditores.com
edicion@npqeditores.com

Primera edición: junio, 2024
Impreso en España

Los papeles que usamos son ecológicos, libres de cloro y proceden de bosques gestionados de manera eficiente.

ISBN: 978-84-19924-78-0
Depósito legal: V-1746-2024

Estimul arte

ejercicios de estimulación cognitiva a través del arte

Franca Biancamano y Marina Moltedo

NPQ
Editores

Instrucciones

Colorear es una actividad relajante
y creativa:

Colorea la imagen siguiendo el modelo. Pue-
des usar lápices, ceras, rotuladores, pinceles,
lo que te resulte más cómodo.

Instrucciones

Colorea siguiendo el modelo.
Tómate tu tiempo y disfruta del proceso.

Instrucciones

Colorea siguiendo el modelo.

Instrucciones

Colorea siguiendo el color que corresponde a cada letra.

A
B
C
D
E

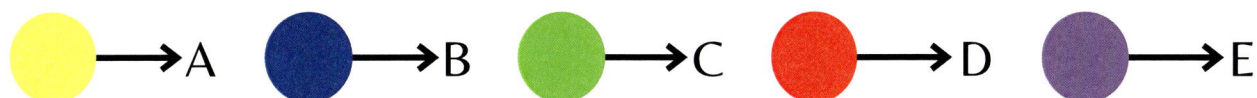

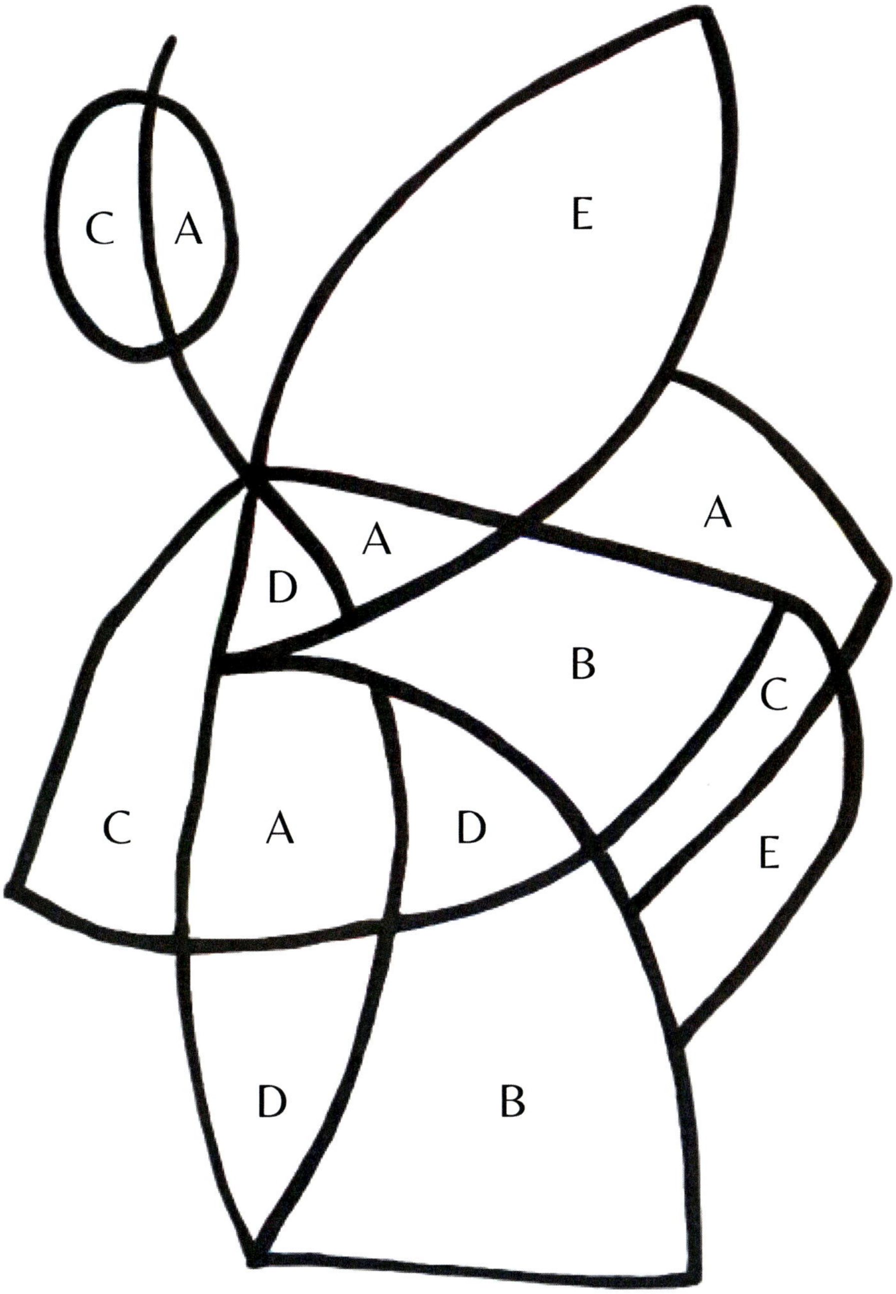

C
A
E
A
A
D
B
C
C
A
D
E
D
B

Instrucciones

Colorea siguiendo el color que corresponde a cada letra.

→ A → B → C → D → E → F

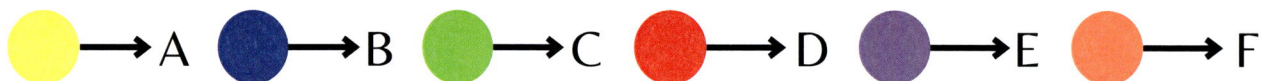

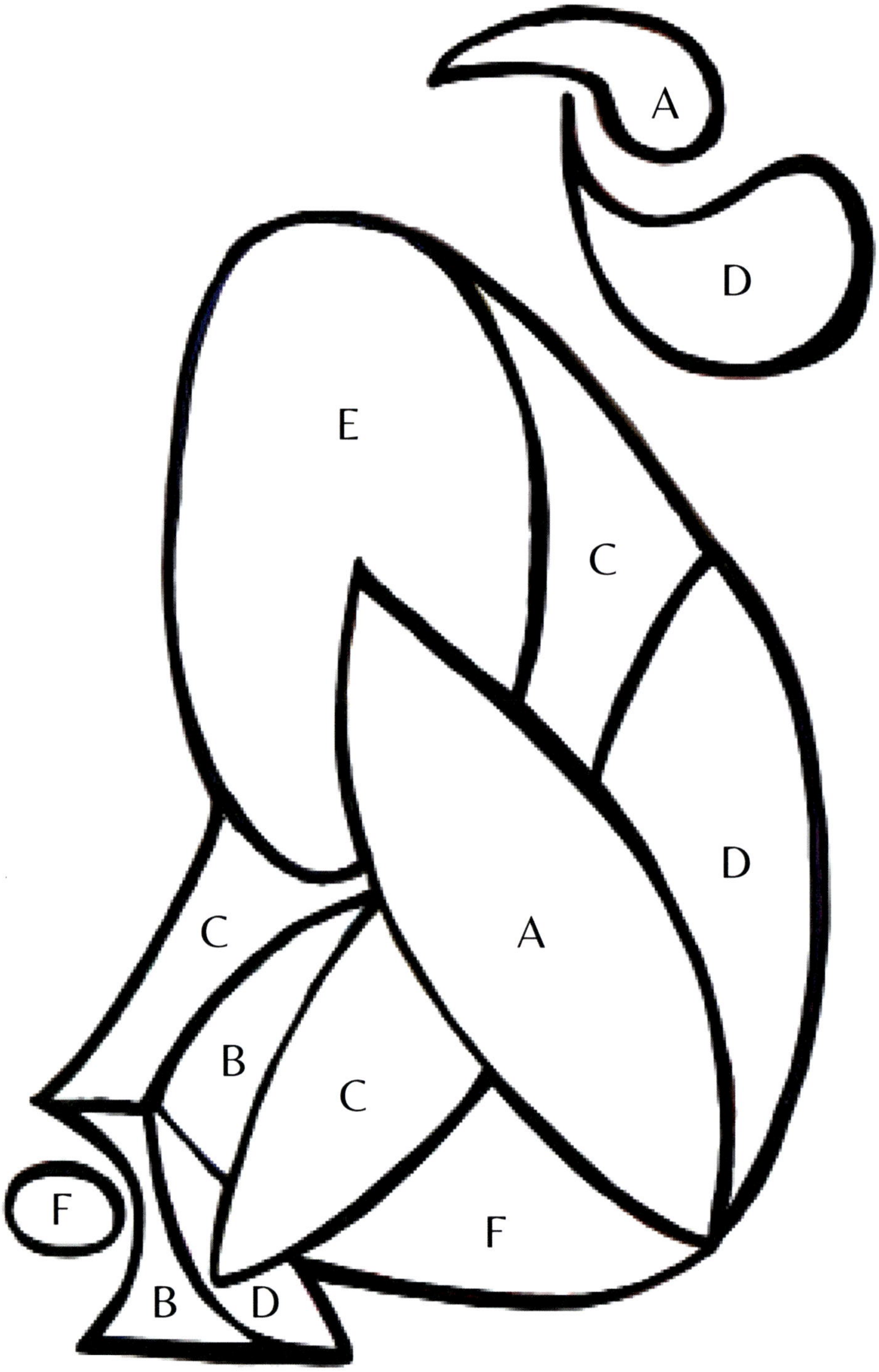
A
D
E
C
D
C
A
B
C
F
F
B
D

Instrucciones

Colorea siguiendo el color que corresponde a cada letra.

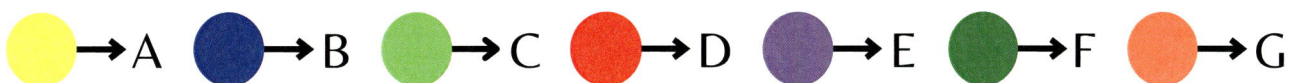

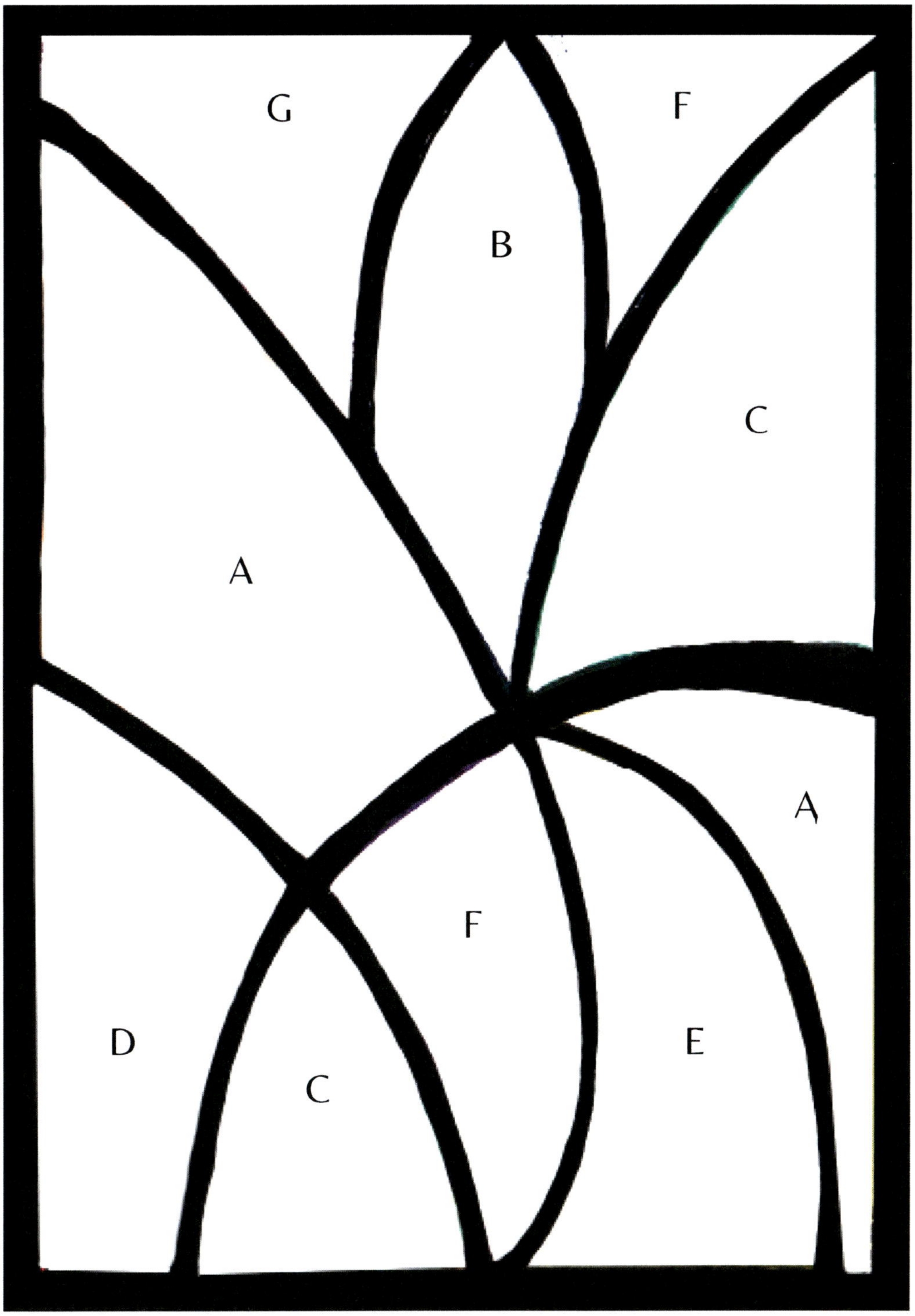

G · F · B · C · A · A · D · C · F · E

Instrucciones

Es el momento de dejarte llevar. Colorea
las formas a tu gusto. No hay reglas. Tómate
tu tiempo.

Instrucciones

No hay reglas.

Instrucciones

Disfruta y déjate llevar.

Copiar en espejo

En esta actividad repasa la figura que
está colocada al revés, como si estuviera
en un espejo.

Hazlo con calma y colorea al final.

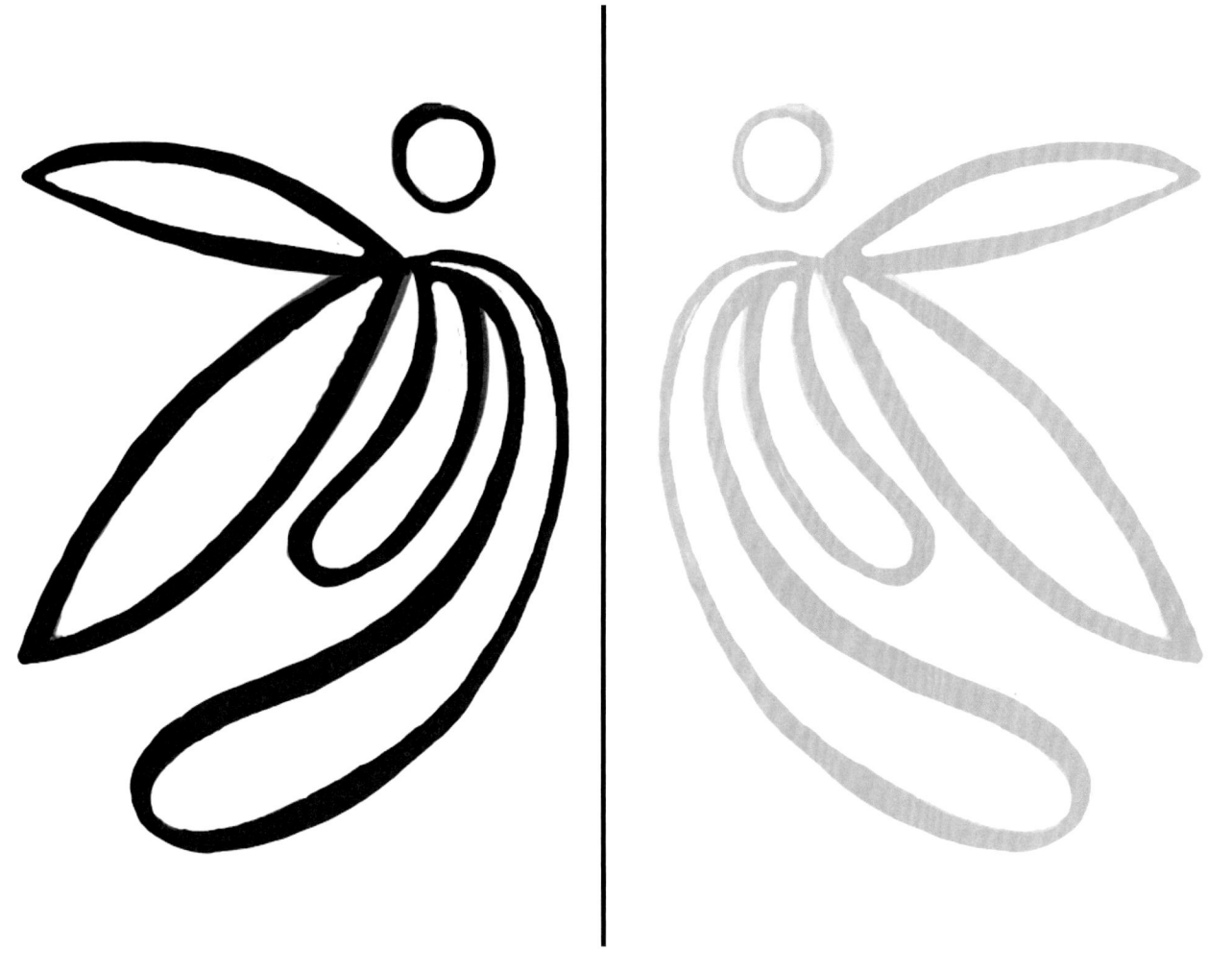

Copiar en espejo

Repasa la figura que está colocada al revés,
como si estuviera en un espejo.

Tómate tu tiempo y colorea al final.

Copiar en espejo

En esta actividad copia la figura al revés.
Asegúrate de que lo que va a la derecha
lo copias a la izquierda y lo de la izquierda va
a la derecha. No temas, no hay resultados
perfectos. ¡Disfruta!

Copiar en espejo

En esta actividad copia la figura al revés. Asegúrate de que lo que va a la derecha lo copias a la izquierda y lo de la izquierda va a la derecha. ¡Disfruta!

Buscar diferencias

Encuentra las CINCO diferencias entre estos
dos dibujos.

Buscar diferencias

Encuentra las CINCO diferencias entre estos
dos dibujos.

Buscar diferencias

Encuentra las SIETE diferencias entre estos
dos dibujos.

Buscar diferencias

Encuentra las SIETE diferencias entre estos
dos dibujos.

Buscar diferencias

Encuentra las DIEZ diferencias entre estos dos dibujos.

Buscar diferencias

Encuentra las DIEZ diferencias entre estos
dos dibujos.

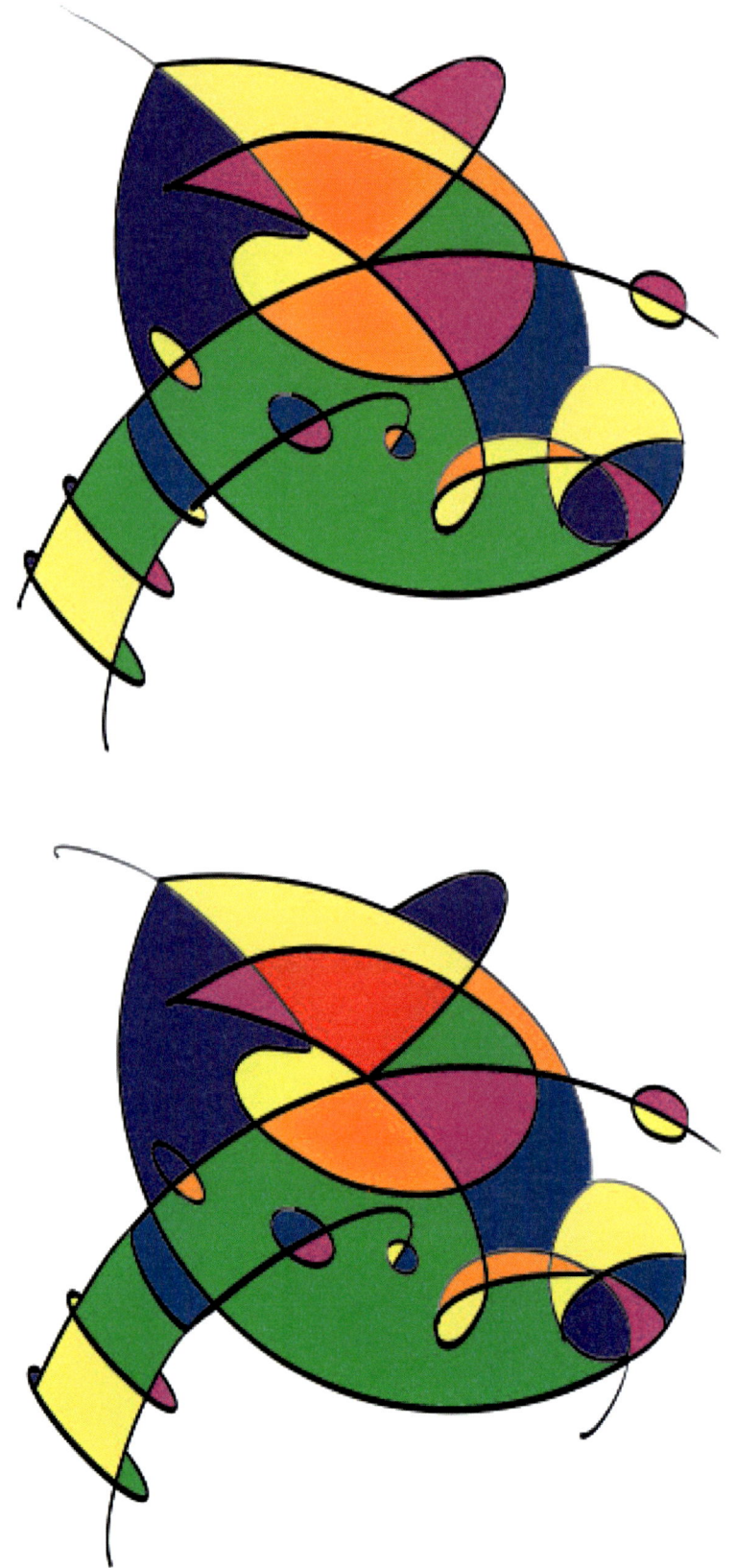

Crear con pegatinas

Observa con atención la figura incompleta.
Elige en la página de pegatinas la que encaja
en tamaño y forma con la parte sombreada
que falta.

¡Disfruta completando las figuras!

Crear con pegatinas

Observa con atención la figura incompleta.
Elige en la página de pegatinas la que encaja
en tamaño y forma con la parte sombreada
que falta.

Crear con pegatinas

Observa con atención la figura incompleta. Elige en la página de pegatinas la que encaja en tamaño y forma con la parte sombreada que falta.

¡Siente el orgullo de tu creación!

Crear con pegatinas

Copia el modelo que te presentamos colocando las pegatinas que mejor encajan en las sombras de las figuras.

estimulARTE

Crear con pegatinas

Es tu momento para trabajar con
más libertad. Copia el modelo con pegatinas
y forma una imagen lo más parecida
posible a la que te presentamos.

¡Sonríe y disfruta!

Crear con pegatinas

Copia el modelo con pegatinas y
forma una imagen lo más parecida
posible a la que te presentamos.

¡No hay resultados
correctos, confía en tu creatividad!

Crear libremente

Es tu turno de aplicar lo que has
trabajado hasta ahora: en las próximas páginas
en blanco crea, dibuja, colorea, juega, explora,
diviértete, y si quieres comparte con nosotros
en info@estimularte.es o con quien
tú prefieras tus creaciones.

Crear libremente

Es tu turno de aplicar lo que has
trabajado hasta ahora: en las próximas páginas
en blanco crea, dibuja, colorea, juega, explora,
diviértete, y si quieres comparte con nosotros
en info@estimularte.es o con quien
tú prefieras tus creaciones.

Colorear según los modelos

Triángulo en rojo, círculo en azul, óvalo en morado,
cuadrado en amarillo y rectángulo en verde.

Seguir las instrucciones paso a paso

- Dibuja un círculo en el centro de la página.
- Dibuja una línea que lo divida en dos.
- Haz una línea curva desde el centro del círculo que salga hacia la derecha y hacia arriba.
- Haz una línea curva desde el centro del círculo que salga hacia la izquierda y hacia abajo.
- Dibuja cerca del círculo un cuadrado.
- Une con una línea curva el círculo con el cuadrado.
- Haz un triángulo grande encima del círculo y del cuadrado.
- Colorea tu dibujo con tu propio estilo.

Seguir las instrucciones paso a paso

- Haz en el centro del folio una línea horizontal.
- Haz una línea vertical en el centro de la línea horizontal.
- Dibuja un círculo un poco más arriba de la línea horizontal sobre la línea vertical.
- Haz una línea curva sobre el círculo con las puntas hacia arriba.
- De la punta derecha de la curva haz una línea a la punta inferior de la línea vertical.
- De la punta izquierda de la curva haz una línea que la una a la punta inferior de la línea vertical.
- Colorea a tu gusto el resultado.

Seguir las instrucciones paso a paso

- Dibuja un rectángulo en la parte inferior del folio.
- Haz una línea vertical larga que salga del centro del rectángulo.
- Dibuja un círculo sobre la línea vertical.
- Arriba de la línea vertical haz una línea curva como si fuera una sonrisa.
- De la punta derecha de la sonrisa haz una línea curva que vaya a la línea vertical.
- De la punta izquierda de la sonrisa haz una línea curva que llegue hasta la línea vertical.
- Colorea tu dibujo.

Seguir las instrucciones paso a paso

- Haz un óvalo en la parte superior del folio.
- Dibújale dentro un círculo.
- Haz un círculo en la parte inferior del folio.
- Dibújale un óvalo dentro del círculo.
- Haz un triángulo a la izquierda del folio.
- Usa cuatro líneas curvas para unir estas figuras.
- Colorea tu dibujo.

Unir los puntos

Une los puntos del 1 al 15.
Colorea tu resultado.

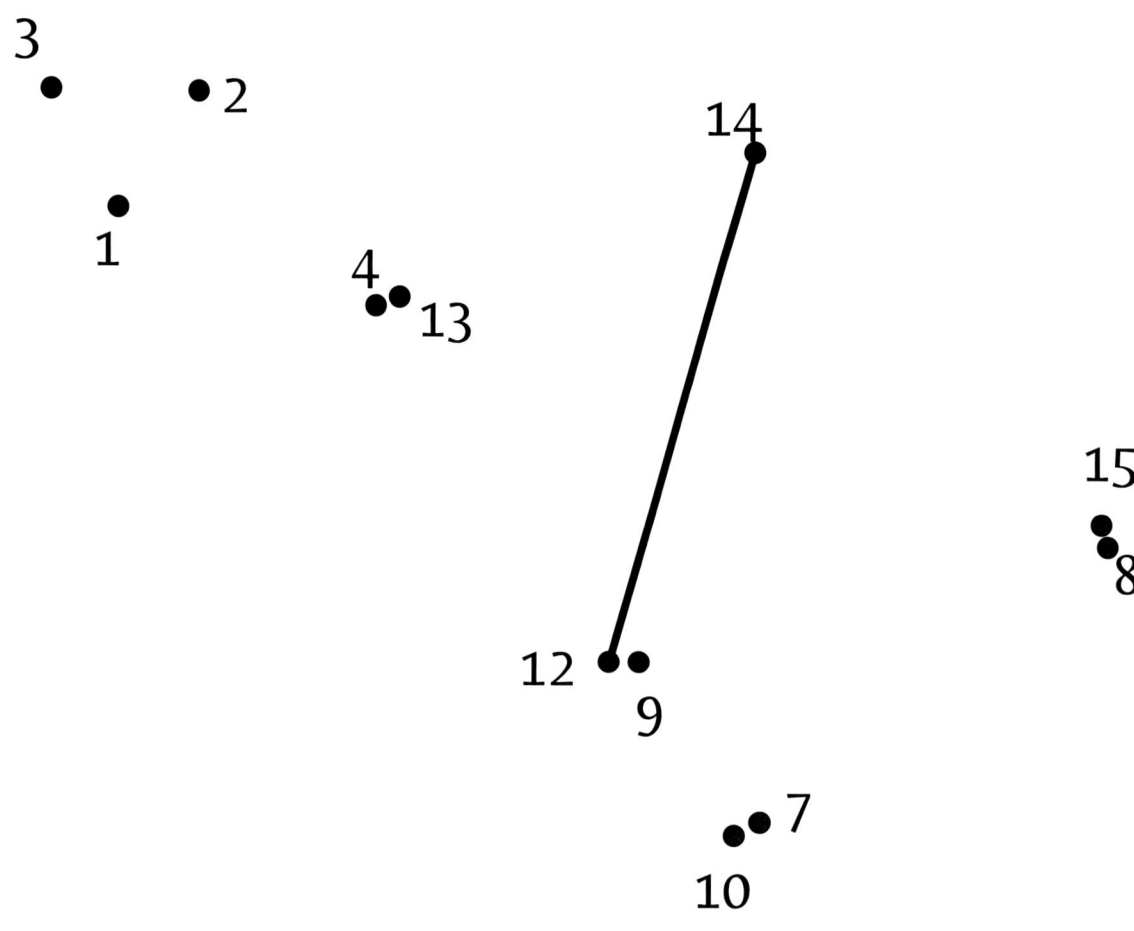

Unir los puntos

Une los puntos del 1 al 17.
Colorea tu resultado.

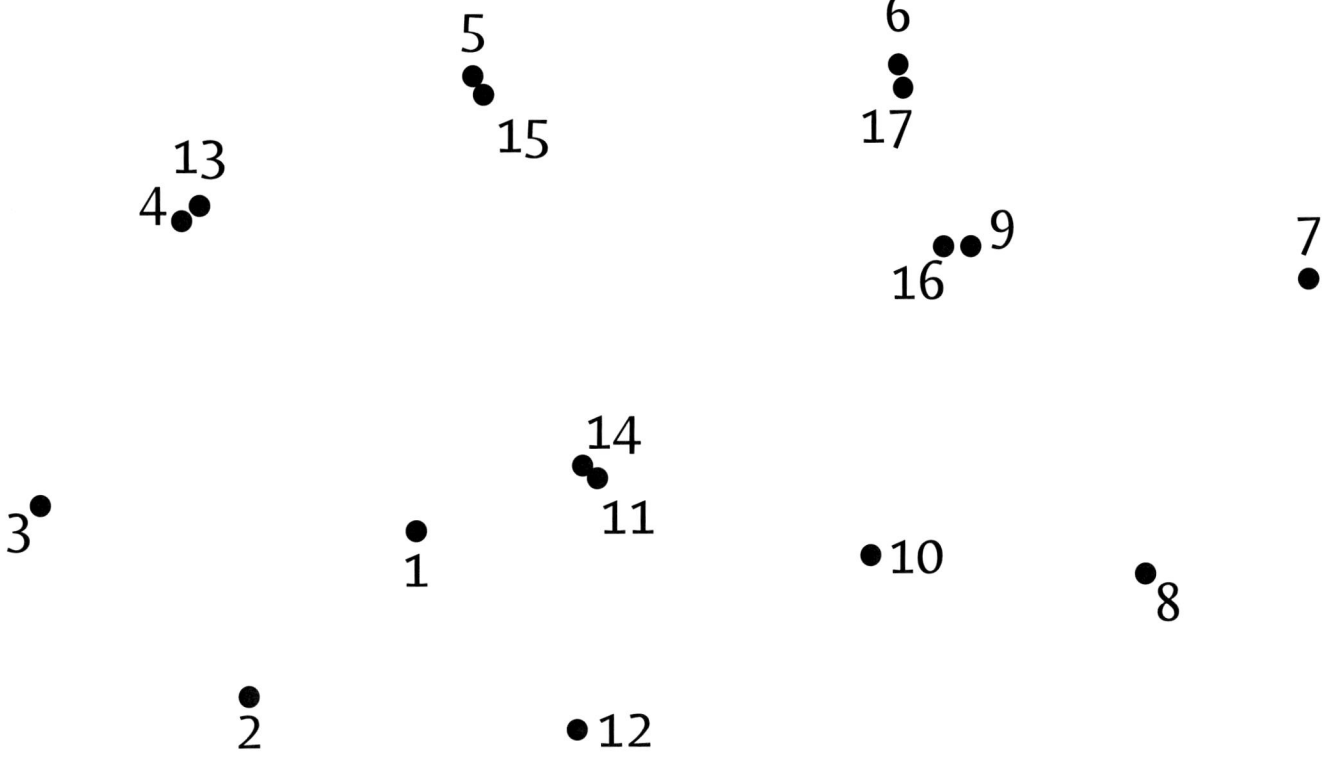

Unir los puntos

Une los puntos del 1 al 19.
Descubre la figura y colorea tu resultado.

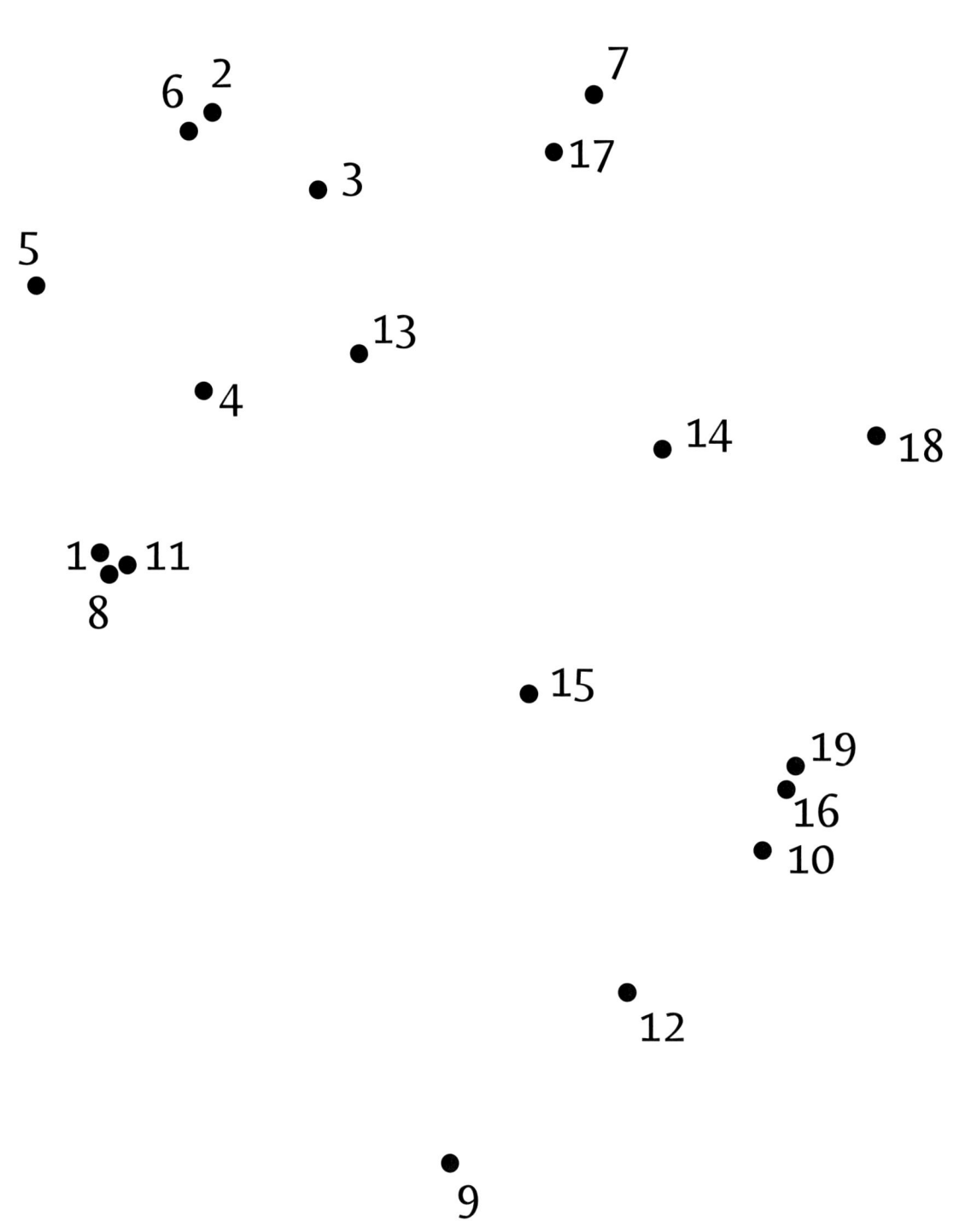

Unir los puntos

Buscar la figura

Observa con cuidado y colorea las figuras
que sean diferentes al modelo.

Buscar la figura

Observa con cuidado y colorea las figuras que sean diferentes al modelo.

Buscar la figura

Marca con rojo las figuras que miran hacia arriba
y con verde las que miran hacia abajo.

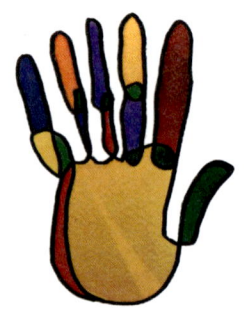

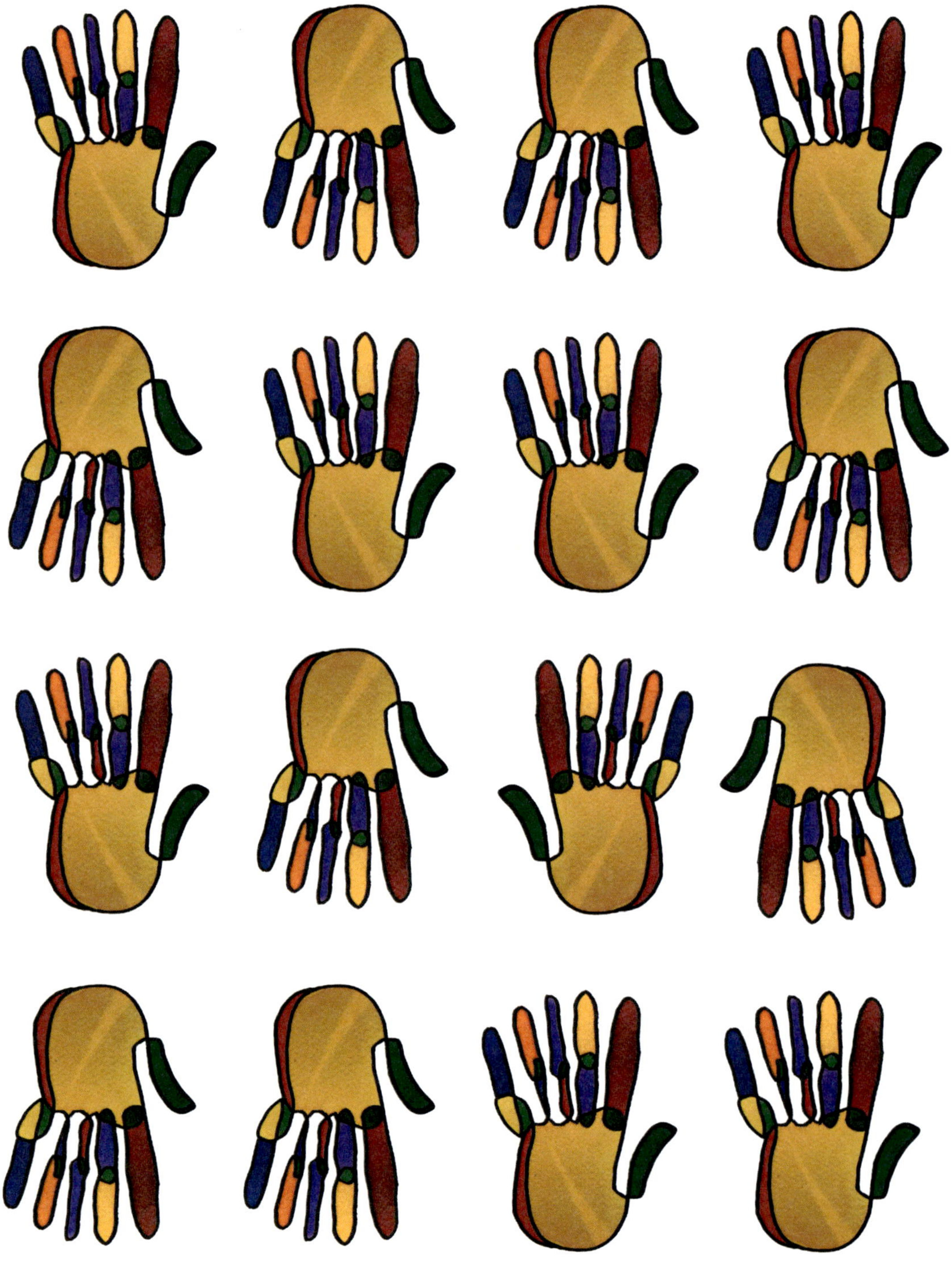

Buscar la figura

Observa con cuidado y marca la figura
que sea igual al modelo.

Realizar el recorrido

Este es el plano del laberinto de Horta (Barcelona).
Haz el recorrido entrando por el 1 pasando por el 2 hasta salir en el 3.
Si quieres colorea el camino.

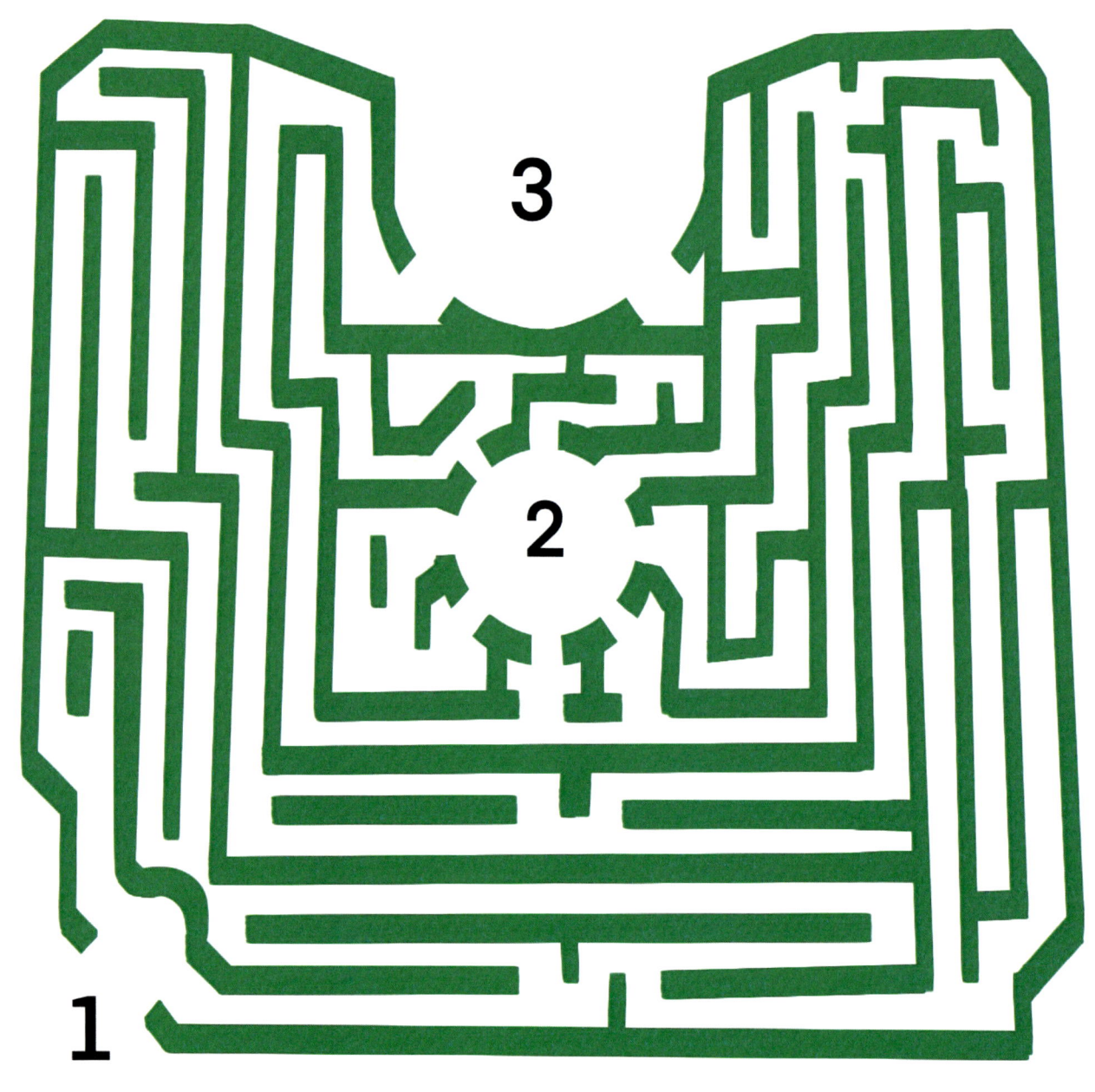

Realizar el recorrido

El arte está en todo lo que nos rodea.

¿Ves qué especial se ve el mapa del centro de Madrid? Esto es una
representación simplificada. Te invitamos a recorrer sus calles:
Comienza por la Plaza Santo Domingo (1),
pasando por Plaza Callao (2), Plaza del Carmen (3),
Plaza de las Descalzas (4), Puerta del Sol (5) y terminado
en Plaza Mayor (6).

Colorea el camino con el color que desees intentando no pasar dos veces
por el mismo sitio. ¡Disfruta el recorrido!

Realizar el recorrido

Ahora te presentamos una representación simplificada del mapa de París.

Se pueden encontrar diferentes puntos de interés:
Arco de Triunfo (1), Petit Palais (2), Los Inválidos (3), La Torre Eiffel (4), Museo de Orsay (5), Museo de Louvre (6), Jardín de Luxemburgo (7), Panteón (8), Iglesia de Nôtre-Dame (9), Torre de San Jacques (10), Plaza de la Bastilla (11), La Ópera (12) y la Iglesia del Sagrado Corazón (13).

Dibuja un recorrido empezando por el Arco de Triunfo (1) y visita al menos 8 monumentos terminando en la Iglesia del Sagrado Corazón (13).

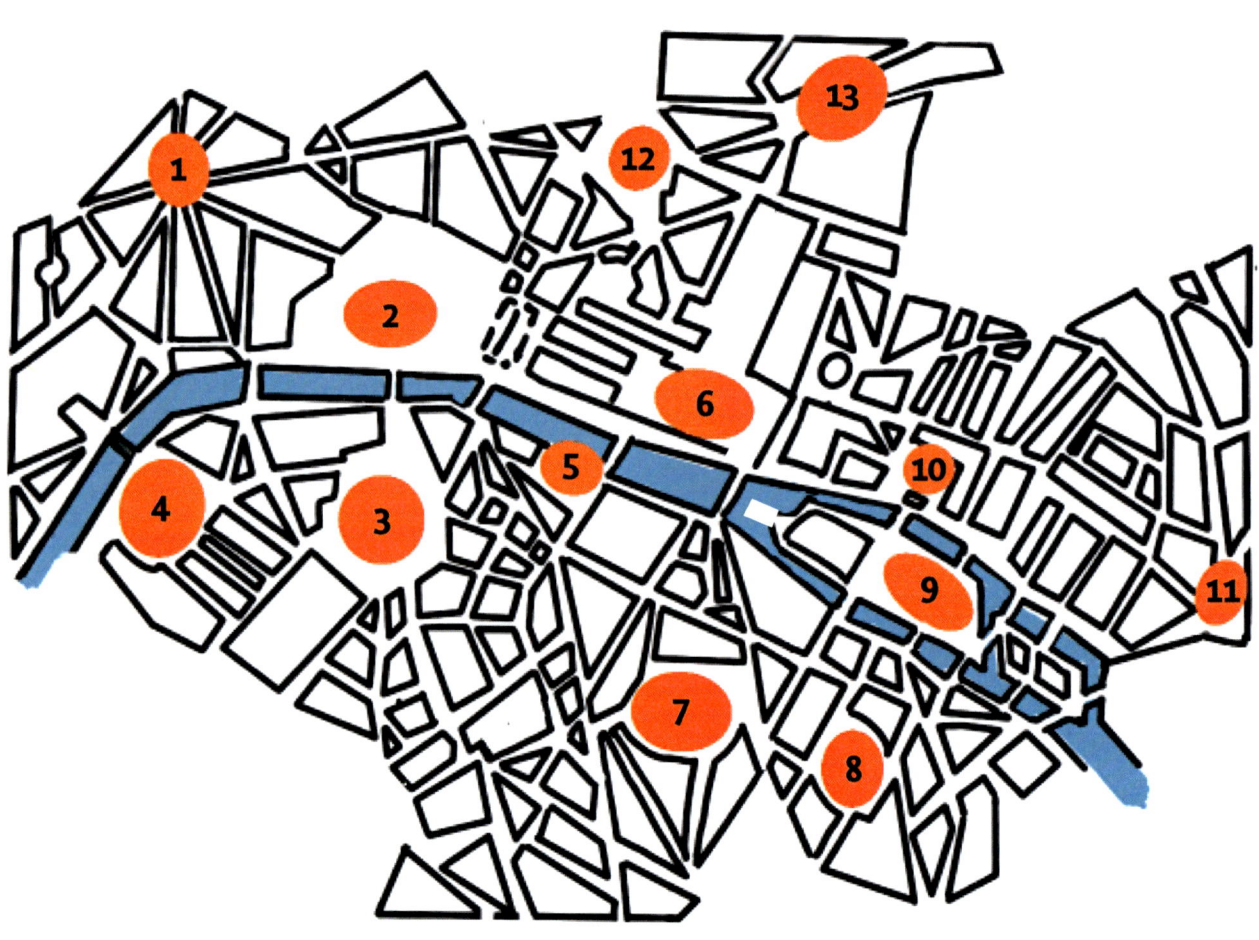

Esperamos que hayas disfrutado tu paseo por París,
así como muchos artistas lo han hecho
y les ha servido de gran inspiración.

Escribe el recorrido que has usado para llegar a los dos puntos
que te hemos indicado.

Colócalos en el orden que has escogido:

Arco de Triunfo _____

_____

_____

_____

_____

_____

_____

_____

_____

Iglesia del Sagrado Corazón _____

Realizar el recorrido

Con este mapa simplificado visitaremos Venecia navegando por sus canales (sigue los caminos azules).

Se pueden encontrar diferentes puntos de interés: El Arsenal (1), Convento San Juan de Malta (2), Palazzo Zorzi (3), Puente de los Suspiros (4), Palacio Ducal (5), Basílica de San Marcos (6), Teatro Malibran (7), Plaza San Marcos (8), Iglesia de San Moisés (9), Teatro la Fenice (10), Iglesia de San Esteban (11), Palacio Tiepolo (12), Santa Maria de la Salud (13), Colección Peggy Guggenheim (14), Galería de la Academia (15), Santa Maria dei Frari (16), Convento San Alvise (17), Plaza Roma (18), Museo Judío (19), Estación Santa Lucía (20).

Dibuja un recorrido empezando por la Estación de trenes Santa Lucía (20) y visita al menos 8 lugares terminando en El Arsenal (1).

¿Qué tal el paseo en Góndola?

Viaja con la imaginación a Venecia, escucha al gondolero cantar, mira las caras de sorpresa de los turistas, déjate llevar mientras navegas por los canales. Escribe el recorrido que has usado para llegar a los dos puntos que te hemos indicado.

Colócalos en el orden que has escogido:

Estación de Santa Lucía _____

_____

_____

_____

_____

_____

_____

El Arsenal _____

Pintar mandalas

Pinta libremente y a tu gusto los próximos mandalas.

Pintar mandalas

Pinta libremente y a tu gusto los próximos mandalas.

Pintar mandalas

Pinta libremente y a tu gusto los próximos mandalas.

Pintar mandalas

Pinta libremente y a tu gusto los próximos mandalas.

Leer y responder

Los dos artistas en quienes nos hemos inspirado para este libro son Joan Miró y Henri Matisse, son un ejemplo de que la edad más que limitar puede abrir posibilidades y caminos a la creatividad.

Joan Miró (1893-1983) es conocido por su obra surrealista y abstracta, en la madurez y etapas finales de su obra adquirió una mayor simplicidad y un regreso a elementos más figurativos. Con su estilo inconfundible y su imaginación desbordante, nos lleva a un mundo de colores vivos y formas enigmáticas. La simplicidad aparente de sus trazos oculta una profundidad emocional que invita a una reflexión y estimula la imaginación.

Por otro lado, Henri Matisse (1869-1954), es conocido por su papel en el movimiento del Fauvismo y su uso audaz del color. Es uno de los maestros del arte moderno, nos cautiva con su enfoque vibrante y lleno de energía. En la vejez al tener problemas de salud y no poder pintar de pie comenzó a utilizar tijeras para recortar formas y colores en papel, lo que dio origen a su famosa técnica del "recortable" o "cut-out". El arte de Matisse nos inspira a encontrar la alegría en las cosas simples y apreciar la belleza de la vida en todas sus manifestaciones.

Ambos mantuvieron su obra y pasión por el arte hasta el final de sus días, en etapas más avanzadas de su vida continuaron creando y nos mostraron su habilidad para adaptarse a las circunstancias cambiantes y encontrar nuevas formas de expresión artística, demostrando que el envejecimiento no limita la creatividad, sino más bien da nuevas oportunidades para la innovación, nos muestran que nunca es tarde para descubrir nuevos horizontes.

Leer y responder

Luego de leer detenidamente el texto, responde:

1) Rodea en el texto las palabras "Arte" y escribe cuántas has encontrado:

_____

2) Rodea en la siguiente lista el nombre de los artistas que han mencionado:

- Vincent Van Gogh
- Henri Matisse
- Joan Miró
- Pablo Picasso
- Francisco De Goya
- Vassily Kandinsky
- Auguste Rodín

3) Con qué movimiento relacionan a estos artistas que has leído, une con líneas:

- Joan Miró   Cubismo
                       Realismo
- Henri Matisse   Surrealismo
                       Fauvismo

4) Coloca las letras que faltan a este texto:
   H_nri Matiss_ , artist_ Francés que r_mpió esqu_mas. A sus 80 años, in_ció un nuevo méto_o que el llam_ba "Pint_r con tije_as" donde color_aba pap_les con tonos int_nsos, los cort_ba, combina_a y pe_aba en sus obr_s. Técni_a con_cida com_ "Los recort_bles o Cut-Out"

5) Basándote en lo que has leído de Joan Miró y Henri Matisse, ¿qué tipo de proyecto te gustaría desarrollar en este momento de tu vida, sin importar tu edad?

_____

_____

_____

_____

Crear libremente

Es tu turno de aplicar lo que has
trabajado hasta ahora: en las próximas páginas
en blanco crea, dibuja, colorea, juega, explora,
diviértete, y si quieres comparte con nosotros
tus creaciones en info@estimularte.es o con quien
tú prefieras.

Crear libremente

Es tu turno de aplicar lo que has
trabajado hasta ahora: en las próximas páginas
en blanco crea, dibuja, colorea, juega, explora,
diviértete, y si quieres comparte con nosotros
tus creaciones en info@estimularte.es o con quien
tú prefieras.

estimulARTE

Crear libremente

Es tu turno de aplicar lo que has
trabajado hasta ahora: en las próximas páginas
en blanco crea, dibuja, colorea, juega, explora,
diviértete, y si quieres comparte con nosotros
tus creaciones en info@estimularte.es o con quien
tú prefieras.

estimulARTE

estimulARTE

estimulARTE